Chansonnier

DE

TOUS LES GOUTS,

Pour 1828.

LYON,

IMPRIMERIE DE J. M. BARRET,

place des Terreaux, N.° 20.

COMPUT ECCLÉSIASTIQUE.

Nombre d'or, 14 | Épacte, 14
Cycle solaire, 17 | Lettre Dom. F E

SAISONS.

L'Hiver a comm. le 22 déc. 1827, à 11 h. du s.
Le Printemps comm. le 21 mars, à 4 h. 5' du m.
L'Été commence le 22 juin, à 11 h. 7' du s.
L'Automne comm. le 23 sept. à 8 h. 15' du m.

ÉCLIPSES.

La prem. de Soleil, le 14 avril, à 9 h. 30' m. vis.
La seconde de Lune, le 28 avril, à minuit, visib.
La trois. de Soleil, le 9 octobre, à 5 h. du m. inv.

DÉPART et ARRIVÉE des Courriers.

PARIS, par Moulins, y comp. Limoges, part Dim. Mar. Jeu. Sam.; arr. Dim. Mar. Mer. Vend.

PARIS, par Autun, part Lun. Merc. Vend. arrive Lun. Jeu. Sam.

MARSEILLE, TOULON et route; GRENOBLE et route; St.-ETIENNE et route; NISMES et RHODEZ; part et arrive tous les jours.

BORDEAUX, p. Mar. Jeu. Sam. ar. Dim. Mar. Ven.

LE PUY part Dim. Mer Ven. ar. Lun. Mer. Sam.

GENEVE, part et arr. Dim. Lun. Mer. Ven.

STRASBOURG, Allemagne et Bâle, part Dim. Mer. Ven. arrive Dim. Mar. Jeu.

JANVIER.		FÉVRIER.	
P.L. le 1, à 7h. 24' s.		D.Q. le 7, à 3h. 40' m.	
D.Q. le 4, à 6h. 11' m.		N.L. le 15, à 2h. 5' s.	
N.L. le 17, à 1h. 21' s.		P.Q. le 22, à 4h. 9' m.	
P.Q. le 24, à 4h. 51' s.		P.L. le 29, à 9h. 10' s.	
P.L. le 31, à 8h. 50' s.			
1 mar	Circoncision	1 ven	s. Ignace.
2 mer	s. Clair, ab.	2 sam	Pur. de la Vi.
3 jeu	s. Joseph.	3 DIM	Septuagési.
4 ven	s. Tite, év.	4 lun	s. André, c.
5 sam	s. Sim. Styl.	5 mar	ste. Agathe
6 DIM	Epiphanie.	6 mer	ste Doroth.
7 lun	s. Lucien.	7 jeu	s. Romua.a.
8 mar	s. Patient.	8 ven	s. Jean de M
9 mer	s. Guill. ar.	9 sam	ste Apollo.
10 jeu	s. Paul her.	10 DIM	Sexagésime.
11 ven	s. Higin.	11 lun	s. Severin.
12 sam	s. Jean, év.	12 mar	ste Eulalie.
13 DIM	Bap. de J.C.	13 mer	s. Etienne, é.
14 lun	Peti. morts.	14 jeu	s. Valentin.
15 mar	s. Bonner.	15 ven	s. Faustin. r
16 mer	s. Trivier, s.	16 sam	ste. Julienn.
17 jeu	s. Antoine.	17 DIM	Quniquagé.
18 ven	Ch. s. Pi. m	18 lun	s. Siméon.
19 sam	s. Marius.	19 mar	s. Gabin.
20 DIM	s. Sébastien.	20 mer	les cendres.
21 lun	ste. Agnès.	21 jeu	s. Flavien.
22 mar	s. Vincent.	22 ven	s. Baradat, s.
23 mer	s. Jean l'au.	23 sam	s. Pierre D.
24 jeu	s. Thimoth.	24 DIM	Quadragési.
25 ven	Conv. S. P.	25 lun	s. Mathias.
26 sam	s. Polycarp.	26 mar	s. Félix, p.
27 DIM	s. Jean Ch.	27 mer	4 Temps.
28 lun	s. Cyrille, é.	28 jeu	s. Galmier.
29 mar	s. Franç. S.	29 ven	s. Romain.
30 mer	ste Bathilde	Lett. Dom.	F
31 jeu	s. Pierre, N.	Epacte	E

Les jours croissent de 32' le m. et 32' le s. *Les jours croissent de 45' le m. et 46' le s.*

MARS.		AVRIL.	
D.Q. le 8, à 5 h. 4' m.		D.Q. le 7, à 6 h. 2' m	
N.L. le 16, à 4 h. 49' m		N.L. le 14, à 3 h 33' s.	
P.Q. le 23, à 5 h. 6' s.		P.Q. le 22, à 5 h. 45' m.	
P.L. le 31, à 10 h. 8' s.		P.L. le 0 à 3 h. 11' s.	
1 sam	s. Aubin, év	1 mar	s. Hugues.
2 DIM	*Reminiscere*	2 mer	s. Franç. P.
3 lun	ste. Cuneg	3 jeu	s. Richard.
4 mar	s. Casimir.	4 ven	*Vendredi S.*
5 mer	s. Adrien m	5 sam	s. Vinc. F. c.
6 jeu	ste. Colette	6 DIM	PAQUES.
7 ven	s. Thomas.	7 lun	s. Hégésipp.
8 sam	s. Jean de D	8 mar	s. Denis, év.
9 DIM	*Oculi.*	9 mer	ste Marthe
10 lun	40 Martyr.	10 jeu	s. Macaire.
11 mar	ste. Sophro.	11 ven	s Léon I, p.
12 mer	s Grégoire	12 sam	s. Jule J. er p.
13	ste. Euphros	13 DIM	*Quasimodo.*
14	s. Lubins.	14 lun	s. Tiburce.
15 sam	s. Longin, m	15 mar	s. Pierre G.
16 DIM	*Lazare.*	16 mer	s. Paterne.
17 lun	ste. Gertru.	17 jeu	s. Anicet.
18 mar	s. Cyrille.	18 ven	s. Gébuin, é.
19 mer	a. Joseph.	19 sam	ste. Zénon.
20 jeu	s. Joachim.	20 DIM	s. Nizier év
21 ven	a. Benoît.	21 lun	s. Anselme.
22 sam	s. Paul., év.	22 mar	s. Epipoy.
23 DIM	*La Passion*	23 mer	s. Georges.
24 lun	s. Pigméni	24 jeu	s. Alexand.
25 mar	*Annonciatio*	25 ven	s. Marc, év.
26 mer	s. Braulio.	26 sam	s. Clet, p.
27 jeu	s. Jean her.	27 DIM	s. Anthime
28 ven	s Gontran	28 lun	s. Vital.
29 sam	s. Eustase	29 mar	s. Pierre, m.
30 DIM	*Rameaux.*	30 mer	ste. Gather.
31 lun	s. Amédée		

Les jours croissent de 50' le m. et 50' le s.

Les jours croissent de 55' le m et 55' le s.

LE ROI D'UN JOUR.

Air : Trouverez-vous un parlement !

Profitons de la royauté,
Puisque le sort m'est favorable ;
Oh ! vraiment je suis enchanté
De voir tous mes sujets à table.
Oui je le dis avec orgueil,
Je ne suis pas un roi pour rire,
Puisque je vois d'uu seul coup d'œil
Tout ce qu'on fait dans mon empire.

J'ai quelques heures à régner ;
Je veux que mon siècle remarque
Que j'ai su ne rien épargner
Pour devenir un grand monarque.
Ainsi donc, que dans mes états
A la gaîté chacun se livre ;
Car, si j'ai bien compté les plats,
Tout mon peuple aura de quoi vivre.

Je dois avouer, en passant,
Que mon cœur n'est pas sans faiblesse ;
Le beau sexe est bien séduisant,
Et comme un autre il m'intéresse.
Pour déranger de grands projets
L'Amour a souvent des recettes ;
Ainsi, je crains, mes chers sujets,
D'être mené par mes sujettes.

Mais le jour est bien avancé,
Et sur mon destin je m'abuse ;
Mon règne est à-peu-près passé
Depuis qu'à régner je m'amuse.
Le trône en vain m'a paru beau,
Sans nul regret je l'abandonne ;
Amis, rendez-moi mon chapeau,
Il me va mieux qu'une couronne.

LE CŒUR ET L'ESTOMAC.

Air : *J'ai vu partout dans mes voyages.*

Amis, que votre goût m'éclaire!...
Quand je trouve un joli minois,
Quand je rencontre bonne chère,
J'éprouve l'embarras du choix ;
De grâce, faites-moi connaître,
Pour me préserver de l'erreur,
Si l'appétit que je sens naître,
Vient de l'estomac ou du cœur.

S'il faut qu'ici je vous le dise,
Mes défauts sont assez nombreux ;
Et je m'accuse avec franchise
D'être gourmand, d'être amoureux :
Sans ces défauts, de ma jeunesse
Les jours seraient-ils plus heureux?...
Mon cœur est rempli de faiblesse ;
Mais j'ai l'estomac vigoureux.

J'entends ma belle qui s'approche,
Mon tendre cœur a palpité ;

Du dîné l'on sonne la cloche,
Mon estomac est agité.
Dois-je laisser de ma maîtresse
Refroidir le cœur chagriné,
Ou bien dois-je pour la tendresse
Laisser refroidir le dîné ?

Chacun d'eux a même puissance
Chacun d'eux veut être écouté.
Qui donc aura la préférence ?
Est ce la table ou la Beauté ?
Dans cette inquiétude étrange,
Je ne sais quel besoin calmer :
Si mon estomac me dit : Mange ;
Mon cœur me dit : Il faut aimer.

Ah ! qu'une maîtresse jolie
A d'empire sur un amant !
Ah ! qu'une table bien servie
A de charmes pour un gourmand !
Dieux ! quel plaisir quand une Belle
Nous offre un plat délicieux,
De le dévorer auprès d'elle,
Et de la dévorer des yeux !

Mais en vain ici je raisonne
Sur l'amour et sur l'appétit ;
Je sens que mon cœur m'abandonne,
Que mon estomac dépérit.
Hélas ! dans ma peine cruelle,
Mes amis, ne me laissez pas
Mourir d'amour près de ma Belle,
Ou de faim près d'un bon repas.

VERSE ENCOR!

Air d'une contre-danse.

VERSE encor,
Encor, encor, encor !...
Encor un rouge bord,
Dieu joufflu de la treille !...
  Verse encor,
Encor, encor, encor !...
Par toi tout se réveille,
Et sans toi tout est mort !

  Toi qui, déplorant
Les misères humaines,
  Vas partout jurant
Et te désespérant :
Pourquoi fulminer ?
Moi, pour guérir mes peines,
  Au lieu de tonner,
J'aime mieux entonner :
    Verse encor, etc.

  Amant, qui toujours
De soupirs et d'alarmes
  Attristes le cours
De tes sottes amours,
  Répands loin de moi
Tes longs torrens de larmes ;
  Nous avons, ma foi,
Bien assez d'eau sans toi.
    Verse encor, etc.

A quoi bon ce gros,
Ce lourd dictionnaire,
Que, mal à propos,
Surchargent tant de mots !
N'eût-il pas suffi
Au bonheur de la terre
D'en avoir un qui
Contînt ces seuls mots-ci :
 Verse encor, etc.

Je tiens pour certain
Que notre premier homme
Eût, d'un tour de main,
Sauvé le genre humain,
Si ce bon Adam,
Mettant, au lieu de pomme,
Un broc sous sa dent,
Eût dit, en le vidant :
 Verse encor, etc.

Pourquoi, Turcs damnés,
Par un décret céleste,
Etes-vous tous nés
A rôtir condamnés !
C'est que, réduits tous
Au sorbet indigeste,
Aucun d'entre vous
Ne peut dire avec nous :
 Verse encor, etc.

Du sort inhumain
Suivant l'arrêt sévère,

Puisqu'hélas ! ta main
Peut-être dès demain
Ne versera plus
Dans mon sein ni mon verre,
Bienfaisant Bacchus,
Ton ivresse et ton jus,
Verse encor,
Encor, encor, encor !...
Encor un rouge bord,
Dieu joufflu de la treille ...
Verse encor,
Encor, encor, encor !...
Par toi tout se réveille,
Et sans toi tout est mort !

LE BROC DE VIN.

Air : De Bérat.

Amis, buvons et nous rirons,
C'est le précepte des lurons ;
Il faut opposer au chagrin
Un broc de vin
Plein.

Si ta maîtresse
Trahit son serment,
Si la traîtresse
Prend un autre amant,
Vite à table,
Vite à table,

Près d'un convive aimable,
Vite à table,
Vite à table,
Et ton amour
Passe en un jour.
Amis, buvons, etc.

Entre la goutte
Et ton médecin,
Tu crains sans doute
Le fatal chemin,
Cher malade,
Cher malade,
Bois rasade sur rasade,
Cher malade,
Cher malade,
Docteur est mort,
Ils ont tous tort.
Amis, buvons, etc.

Si la cohorte
De tes créanciers,
Contre ta porte
Lance des huissiers,
La bouteille,
La bouteille,
Sur ces vautours fait merveille,
La bouteille,
La bouteille,
Mes chers amis,
Les rendra gris.
Amis, buvons, etc.

Si la patrie
Réclame nos bras,
Toujours chérie,
A ces fiers soldats,
Vite à boire,
Vite à boire,
Ils sont sûrs de la victoire,
Vite à boire,
Vite à boire,
Car un buveur
N'a jamais peur.
Amis, buvons; etc.

Plus de tristesse,
Plus de noirs soucis,
Huissiers, maîtresse,
Docteurs, ennemis,
A mon verre,
A mon verre,
Ne déclarez pas la guerre,
A mon verre,
A mon verre,
Qui touchera,
Bronchera.
Amis, buvons et nous rirons,
C'est le précepte des lurons;
Il faut opposer au chagrin
Un broc de vin
Plein.

J'AVALE CELA.

Air : Au Cabaret, etc.

De Démocrite et d'Epicure
Que j'aime à suivre les leçons !
Non rien ne vaut dans la nature
Le vin, le rire et les chansons.
Peines, ennuis, soucis, misère,
Mes aventures, les voilà...
Mais vous avez rempli mon verre,
Mes amis, j'avale cela.

Trahi par l'ingrate Amélie
Que mon jeune cœur chérissait,
Un jour, je provoque et défie
Le rival qui me remplaçait.
Jugez quelle fut ma colère ;
Sur le terrain mon sang coula...
Mais vous avez, etc.

Voyant que chacun à la ronde
Admirait nos drames nouveaux,
J'en fis sur la fin du monde.
Les morts s'élevaient des tombeaux,
Avec fracas croulait la terre ;
C'était superbe ! on me siffla...
Mais vous avez, etc.

Au serment de ne plus écrire,
Je restai fidèle deux mois,
Et puis je fis une satire
Sur nos ministres et nos lois.
Ce qu'on permet en Angleterre

Fit que de France on m'exila...
Mais vous avez, etc.

De la plus insigne coquette
L'Hymen me fit le beau présent;
Pour réduire un peu sa toilette,
J'étais époux trop complaisant;
Tout le bien que j'eus de mon père
Avec sa beauté s'en alla...
Mais vous avez, etc.

Comme la fleur qui vient d'éclore,
Souvent le bonheur n'a qu'un jour;
Hâtons-nous de jouir encore!
Fêtons Bacchus, fêtons l'Amour.
La mort peut d'une voix sévère,
Demain nous dire me voilà!...
Mais vous avez rempli mon verre,
Mes amis, j'avale cela.

LE POETE ÉPICURIEN.

Air de Lantara.

D'ANACRÉON touchant la lyre,
Amis, pour embellir nos jours,
Fêtons, dans un joyeux délire,
Les muses, le vin, les amours.
Et vous, des jeux, des ris, aimable
    troupe,
Ah! charmez de trop courts instans!
Que votre main, en remplissant ma
    coupe,
Vide gaîment celle du Temps!

D'Epicure la loi divine
Défend la peine et le chagrin ;
Pour monter la double colline,
Des vignes je prends le chemin.
Si le Parnasse est un vaste parterre,
Il faut l'arroser à loisir ;
Mais que le vin seul féconde la terre
Où les lauriers doivent fleurir !

Voyez dans la liqueur vermeille
Puisant la douce volupté,
Tous ces buveurs, sous une treille,
Rêver à l'immortalité !
Eh bien ! Bacchus, tous ces faibles atomes,
Grâce à ton prisme merveilleux,
Avant de boire ils n'étaient que des hommes,
Dès qu'ils ont bu, ce sont des dieux !

Un moment, pour fixer les Belles,
Amis, de ce jus plein d'appas
De Cupidon mouillons les ailes ;
Prudemment ne les coupons pas.
De cet avis quelque vieux sage gronde ;
Pour nous guérir de son poison,
Vite, buvons, car boire est dans ce monde
L'antidote de la Raison.

TON TON, TONTAINE, TON TON.

Lorsque je ne suis pas en veine,
Pour composer une chanson,
Ton ton, ton ton, tontaine, ton ton;
Au lieu d'une rime certaine,
Je place après un vieux dicton,
Ton ton, tontaine, ton ton.

Buveurs, fêtez la tonne pleine,
Et faites sauter son bondon :
Ton ton, etc.
Mais fuyez loin de la fontaine;
L'eau ne convient qu'au caneton :
Ton ton, etc.

Quand je dis : fuyez la fontaine,
Ce n'est pas l'auteur de ce nom ;
Ton ton, etc.
Car sa morale utile et saine
Ne craint pas le qu'en dira-t-on :
Ton ton, etc.

Mangeons le lapin de garenne,
La caille le brochet, le thon :
Ton ton, etc.
Arrondissons notre bedaine,
Dussions-nous lâcher un bouton :
Ton ton, etc.

A table, où l'amitié m'amène,
Je suis convive sans façon :
Ton ton, etc.

J'avale parfois le Surène,
Et digère le miroton :
   Ton ton, etc.

Comme très-souvent la futaine
Couvre plus d'attraits qu'un linon,
Ton ton, etc.
  A la coquette Célimène,
  Moi, je préfère Jeanneton :
   Ton ton, etc.

Parfois le vaudeville en scène,
Sur ses pipeaux joue un faux ton :
Ton ton, etc.
  On dirait que c'est Melpomène
  Qui pleure dans un mirliton :
   Ton ton, etc.

Chantons tous bas pour Démosthène,
Platon, Caton, Milton, Newton,
Ton ton, etc.
  Mais pour Momus, l'Amour, Silène,
  Mes amis, élevons le ton :
   Ton ton, etc.

Quand la fileuse souterraine
Aura fini mon peloton,
Ton ton, etc.
  J'irai voir au sombre domaine
  Si c'est du fil ou du coton :
   Ton ton, etc.

LE MARIAGE MANQUÉ.

Air de la Catacoua.

Vous qui, plein d'une flamme pure,
Voulez former un doux lien,
Écoutez ma mésaventure,
Hélas ! j'ai manqué mon hymen !...
Ma future, ô vicissitude !
Était belle, et son bien certain !
    Cruel destin !
    Fatal festin,
Où, trop souvent prenant le verre en
    main,
Par la force de l'habitude,
Je ne mis pas d'eau dans mon vin !

Vous saurez que par la famille
Mes parens étaient invités ;
Quand vint le dessert, de sa fille
La maman dit les qualités ;
Ce récit était pathétique,
M'attendrir était de saison :
    Mais ma raison
    Dans un flacon
Était restée, et ma foi, sans façon,
J'entonne, plein d'un feu bachique,
L'air de la mère Gaudichon.

Jugez du bruit et du scandale
Qu'occasiona ma chanson !

Tous les amis de la morale
Se dirent : C'est un polisson !
Certain cousin, la tête forte
Et le harangueur du pays,
    Dit : il est gris ;
    Sans nul sursis
Sortez, monsieur... Aussitôt je repris :
Ah ! plutôt que le diable emporte
Le radoteur et ses avis !

Parens, cousins de la future,
Ils étaient plus de vingt, je crois,
A ces mots vomissent l'injure,
M'étourdissent tous à la fois ;
A la fin, je perds patience,
Et prenant un plat d'abricots,
    Je le jette aux
    Nez des bourreaux ;
L'un me répond par un plat de pru-
    neaux ;
En échange, moi je lui lance
Une compote sur le dos.

L'acharnement devient extrême,
Et c'est à qui m'accablera ;
J'étale un fromage à la crême
Sur la face d'un gros papa,
Et je vide sur une nuque
Un pot de confiture entier ;
    D'un saladier,
    En preux guerrier,

Je me saisis, j'en fais un bouclier,
Puis, arrachant mainte perruque,
Sur elles je repands l'huilier.

La lumière, pendant la lutte,
Vient à manquer aux combattans;
Dans l'obscurité je culbute
La table sur les assistans;
Chacun dans cette affreuse crise,
A terre est forcé de s'asseoir :
  Quel désespoir !...
  L'un dit avoir
Les bras cassés, un autre, sans y voir,
De son voisin prend la chemise,
Croyant retrouver son mouchoir.

J'eus raison de prendre la fuite;
Afin de constater le mal,
Il fut décidé que, de suite,
On dresserait procès-verbal :
Voici, par une main habile,
Comment les maux par moi causés
  Furent classés :
  Cent bras brisés,
Quatorze habits déchirés ou graissés,
Onze perruques pleines d'huile,
Et de plus, six nez écrasés.

LES BONBONS.

Air : Tralala, tralala.

Des bonbons, (bis.)
   Tout l' monde
  En veut à la ronde;
   Les bonbons (bis.)
A tous les âges sont bons.

Que cherche au Palais-Royal
Ce jeune provincial,
Et dans la ru' des Lombards
Que veulent tous ces jobards?

   Des bonbons, etc.

Avec son beau compliment,
Faisant pleurer sa maman,
Que demande cet enfant,
Guidé par le sentiment?...

   Des bonbons, etc.

Aux gens de tous les partis
J'offr' les bonbons assortis;
Bonbons des brav's aux enn'mis,
Bonbons d'attrape aux maris...

   Des bonbons, etc.

Le bonbon est pectoral,
Et ne fait jamais de mal;
Les d'vis' qu'on y fait entrer
Sont l' plus dûr à digérer...

   Des bonbons, etc.

Ce commis, l' premier janvier,
Dépens' son mois tout entier,
Et se pass'ra de dîner,
Attendu qu'il faut donner
    Des bonbons, etc.

A Paris, plus d'un galant,
La veille du jour de l'an,
Se brouille avec son objet,
Pour rayer de son budget
    Les bonbons, etc.

L' pauvr' qui n'a pas étrenné
N' doit pas être abandonné :
Du moins donnons-lui du pain,
Quand nous mangeons sur son ch'min
    Des bonbons, etc.

Pour montrer à leur moitié
L' degré de leur amitié,
Tous les époux empressés
Achèt'nt des marons glacés...
    Des bonbons, etc.

On dit même qu'en enfer,
Aux étrennes, Lucifer,
Cessant d' rôtir les humains,
Leur donne des diablotins...
    Des bonbons.   (*bis.*)
      Tout l' monde
    En veut à la ronde ;
    Les bonbons   (*bis.*)
A tous les âges sont bons !

L'HEUREUX BOSSU.

Air du Dieu des bonnes gens.

Si de mon corps ébauchant l'édifice,
Dame nature, au monde me jetant,
L'a mal tourné, son bizarre caprice
De mon esprit ne put en faire autant;
Malin, joyeux, de tout enclin à rire,
Sur maints brocarts il a pris le dessus...
Et quand parfois de moi j'entends médire,
    Je ris comme un bossu !

Voyez Tufier... sa vaniteuse audace
De sa hauteur déverse le mépris;...
S'il faut l'en croire, il descend d'une race
Qui n'engendra que comtes et marquis;
Partout il vante, en son humeur altière,
Son noble sang... Moi, qui le sais issu
D'un perruquier et d'une couturière,
    Je ris comme un bossu !

De mon voisin la flamme passagère
Aime à brûler de beautés en beautés,
Sans nul égard envers sa ménagère,
Lui cachant peu ses infidélités;
Hier encore il pressait une belle,
Lorsque sa femme advint à son insu,
Et le surprit, carressant la donzelle !...
    J'ai ri comme un bossu !

A l'Institut, certain jour de séance,
En amateur j'allai porter mes pas;
On y lisait un morceau d'éloquence,
Ou soi-disant... que l'on n'écoutait pas;
Chacun ronflait d'une ardeur peu com-
    mune ;
Quand l'orateur, en son espoir déçu,
Honteux, confus, déserta la tribune,
    J'ai ri comme un bossu !

Fine raison, enveloppe sauvage,
Esprit sublime et malin à la fois
Du Phrygien ont été le partage,
Pour éclairer les peuples et les rois;
Par lui toujours en fictions aimables
L'allégorie offre un sens aperçu...
Divin Ésope, en apprenant tes fables,
    J'ai ri comme un bossu !

Qu'un étourdi vole un tuteur avare,
Ou qu'une agnès déroute son argus;
Qu'une moitié dupe un mari bizarre,
Qu'une danseuse appauvrisse un Cré-
    sus,
Qu'une modiste imite l'innocente;
Lorsque de moi cela se trouve su,
Plein de malice, en mon humeur
    plaisante,
    Je ris comme un bossu !

PORTRAIT DE MON VOISIN.

Air du vaudeville de Farinelli.

Mon voisin n'est petit ni grand,
Mon voisin n'est ni gras ni maigre;
Il n'est ni trop noir ni trop blanc,
Ni trop triste ni trop alègre;
Il a l'œil bleu, d'un bleu turquin,
Le teint blafard, la face ronde;
Pour le physique, mon voisin
Doit ressembler à bien du monde.

Sans être absolument fripon,
Mon voisin suit la loi commune;
Tout chemin lui semble fort bon,
Pourvu qu'il mène à la fortune.
S'il réussit, il trouve égal
Qu'on l'applaudisse ou qu'on le fronde;
Dès lors, mon voisin, au moral,
Doit ressembler à bien du monde.

Mon voisin, de tous les époux
Est bien l'époux le plus traitable,
Jamais ne se montrant jaloux,
Il admet qui veut à sa table,
Sa femme en rit; plus d'un malin
Tout comme elle en rit à la ronde...
Aussi, comme époux, mon voisin
Doit ressembler à bien du monde.

D'aller au spectacle le soir
Mon voisin a la fantaisie :
Ne croyez pas qu'il aille voir

Alceste, ou Tartufe ; ou Sosie.
Mon voisin préfère sur-tout
Ces gaîtés où le noir abonde ;
Mon voisin, pour l'honneur du goût,
Ressemble, hélas ! à trop de monde.

Mon voisin, il en fait l'aveu,
N'est pas un très-grand politique ;
Il s'informe même assez peu
Comment va la chose publique.
Pourvu qu'il vive sans chagrin,
Dans le sens de tous il abonde ;
En politique, mon voisin
Doit ressembler à bien du monde.

PLEURE, PLEURE, etc.

Air : Chante, chante, troubadour, chante.

JEUNE enfant essayant la vie,
Qui t'agite ou bien te déplaît !
D'où vient donc que ta bouche crie ?
Un sein fécond te prodigue son lait ;
Mais j'aperçois que ta mère chérie,
En badinant, dérobe ton hochet.

Pleure, pleure, jeune enfant, pleure.
  Sur l'heure,
 A tes vœux on se rend ;
Pleure, pleure, jeune enfant, pleure.
 On obtient tout en pleurant.

Auprès d'une beauté sévère,
Jeune amant, tu veux parvenir :
Tu possèdes bien l'art de plaire,
Mais tu n'as pas le bel art d'attendrir.
Pygmalion sut toucher une pierre ;
Ovide a dit, sache le retenir :
Pleure, pleure, jeune amant, pleure.
  Sur l'heure,
 A tes vœux on se rend, etc.

Jeune épouse, dans ton ménage
Tu voudrais qu'on suivît tes lois ;
Mais ton mari, prudent et sage,
Tout doucement sait exercer ses droits ;
C'est vainement que tu ferais tapage.
Pour l'emporter rends plus douce ta voix
Ah ! pleure, jeune épouse, pleure.
  Sur l'heure,
 A tes veux on se rend, etc.

La gaîté n'exclut pas la grâce :
Ainsi pensaient nos bons aïeux.
Jeune auteur visant au Parnasse,
Ah ! ne suis pas ce précepte trop vieux !
Près d'Apollon si tu veux une place,
Donne à ta muse un crêpe soucieux.

Pleure, pleure, jeune auteur, pleure.
  Sur l'heure,
 On te proclame grand ;
Pleure, pleure, jeune auteur, pleure.
 On obtient tout en pleurant.

LE VIEUX PORTIER.

Air : Moi, je flane.

Je cancanne, (bis.)
Avec les bonnes je flane;
Je cancanne, (bis.)
C'est le métier
D'un portier.

En balayant le matin,
De propos et de nouvelles,
La langue de ces femelles
Enrichit mon bulletin.
Chacune à son tour m'arrête :
Appuyé sur mon bouleau,
Aux commères je tiens tête;
C'est moi qui suis leur écho.
  Je cancanne, etc.

Ici m'accoste Suzon,
Pour me conter que sa dame,
Ecouta jadis la flamme
D'un commis de la maison.
Au printemps, d'un pas agile,
Tous deux filaient à Pantin :
L'époux restait à la ville
De planton au magasin.
  Je cancanne, etc.

Lise me conte à son tour,
Que son maître et sa bourgeoise
A plaisir se cherchent noise,
Las de l'hymen, de l'amour,

Dans un accès de colère,
Hier soir, ces deux époux
S'appellaient : monstre ! mégère !
Des mots on en vint aux coups.
    Je cancanne, etc.

J'entends Fanchette en courroux,
S'écriant : quelle barraque !
Le vieux procureur attaque
Ma probité pour deux sous.
A l'entendre, en bois, en beurre,
Je ferai passer son bien :
Le vilain juif !... à toute heure,
Avec lui j'y suis du mien.
    Je cancanne, etc.

Margot, chez ce vieux garçon,
Se donne un air d'importance :
De dame de confiance
La matoise a pris le nom.
Au boudoir, comme à l'office,
Pour avancer son chemin,
Margot a fait le service ;
C'est la femme à toute main.
    Je cancanne, etc.

Je descendais l'escalier,
Quand la piquante Adeline
Accourut de sa cuisine
Et me dit, sur le palier,
Si le jeune homme à moustache
Ce soir vient se présenter,

★

Sans que madame le sache...
Vous le laisserez monter.
 Je cancanne, etc.

L'hiver !... c'est un bacchanal
Dans ma loge resserrée :
On y tient chaque soirée ;
Cercle et congrès général :
Chacune, sur son ménage,
Brode un chapitre nouveau,
Et leur bruyant caquetage
Couvre les coups du marteau.
 Je cancanne, etc.

LE COMMISSAIRE.

Air ; C'est le Solitaire.

FAISANT moins de besogne
Que de bruit en chemin,
La terreur de l'ivrogne
Et l'effroi du gamin,
Quel est ce dignitaire
Qui, d'un pas grave et lent,
Va mesurant la sphère
De l'arrondissement ?...
 C'est le commissaire,
  Qui sait tout,
  Entend tout,
  Qui voit tout,
  Est partout. } *ter*.

Qui calme les cohues,
Et, grand homme d'État,
Fait balayer les rues
Dans les jours d'apparat?
Qui veut que l'on éclaire,
Dès que le jour a fui,
Lanterne et reverbère,
Surtout devant chez lui?
    C'est le commissaire, etc.

L'étalagiste en fraude,
La roulette en plein vent,
Et le fiacre en maraude,
L'ont trompé rarement.
Qui loge à sa manière
Les gens sans feu ni lieu,
Et fait mettre en fourrière
Tous les chiens sans aveu!...
    C'est le commissaire, etc.

— Il faut qu'on les arrête!
Ces messieurs, tout de bon,
Se donnent sur la tête
De grands coups de bâtons!...—
Quel ange tutélaire
Vient, par un coup du ciel,
Suspendre la colère
Du fier polichinel!...
    C'est le commissaire, etc.

A tous dans sa demeure
Donnant un libre accès,

Qui sait, en moins d'une heure,
Terminer un procès ?
Qui reçoit, en bon père,
Et calme, d'un seul mot,
La plainte en adultère,
Et celle de *Jeannot* ?...
    C'est le commissaire, etc.

A la pièce nouvelle,
Qu'on ne peut achever,
Une forte querelle
Vient-elle à s'élever :
Qui sait par sa colère,
En mettant le holà,
Divertir le parterre,
Qui bâillait jusque-là ?...
    C'est le commissaire, etc.

Sur l'homme que je loue
J'étendrais mon récit ;
Car chez lui, je l'avoue,
Parfois je fus conduit :
J'ai sur son ministère
Maint détail peu commun ;
Mais chut ! il faut se taire,
Je redoute quelqu'un...

    C'est le commissaire,
      Qui sait tout,
      Qui voit tout,
      Entend tout,
      Est partout.

ROMANCE.

Air : Rien, tendre Amour, ne résiste à tes armes.

Sur ton amant tu règnes sans partage ;
Dans ton sourire il a vu le bonheur ;
Son doux sommeil est plein de ton image :
C'est le parfum qui survit à la fleur.

Tu l'attendais pour embellir sa vie,
Pour lui donner la rose des amours.
Mon âme heureuse à la tienne est unie ;
Mes jours sereins s'enchaînent à tes jours.

Si tes regards s'obscurcissent de larmes,
Dans ma douleur, je crois te voir mourir.
Mon sein ému recueille tes alarmes,
Et c'est pour toi que je voudrais souffrir.

LE CHOIX D'UNE AMIE.

Même air.

Si quelque jour je fais choix d'une amie,
Je veux qu'elle ait ton sourire et tes yeux ;
Que par l'esprit sa figure embellie
Plaise aujourd'ui, demain plaise encor mieux.

Je veux qu'elle ait ton heureux caractère,
Et ta belle âme et tes jolis propos ;
Je la voudrais seulement moins sévère;
Mais il faut bien qu'elle ait de tes défauts.

Je veux qu'elle ait ces grâces, cet ensemble,
Tous ces talens dont je suis enchanté;
Et, pour qu'en tout le portrait te ressemble,
Qu'il soit charmant, et ne soit point flatté.

L'EMBARRAS DES RICHESSES.

Air de l'artiste.

La fortune volage,
Chez moi, frappe un matin,
Avec un héritage
M'apporte... le chagrin,
Oui... faut-il que je taise
Que j'en suis consterné...
J'étais plus à mon aise,
Lorsque j'étais gêné.

Mon luxe, dans le monde,
M'attire des honneurs...
Chez moi la foule abonde
Des valets, des flatteurs...

A la sotte fadaise
Je suis abandonné...
J'étais plus à mon aise,
Lorsque j'étais gêné.

 Une bande céleste
De sincères amis
Chez un traiteur modeste,
Allait tous les mardis !...
Chez un grand, quel malaise !
Je suis emprisonné...
J'étais plus à mon aise,
Lorsque j'étais gêné.

 Mainte grande coquette,
Sans effort s'attendrit...
Ah ! combien je regrette
Mon modeste réduit !
Là, près de toi, Thérèse,
Qui m'avais enchaîné,
J'étais plus à mon aise,
Lorsque j'étais gêné.

 Je sors d'une soirée,
Où les ennuis siégeaient...
Or, malgré ma livrée,
Des voleurs m'attendaient...
Ils arrêtent ma chaise,
Je suis assassiné...
J'étais plus à mon aise,
Lorsque j'étais gêné.

LE COMMERCE NE VA PLUS.

Air : *Je loge au quatrième étage.*

Que de gens ont la maladie
De se plaindre mal à propos !
Pourquoi faut-il qu'on s'étudie
Soi-même à troubler son repos ?
Depuis que je suis en ce monde,
Parmi d'autres cris superflus,
J'entends répéter à la ronde
Que le commerce ne va plus.

Paul était sans ressource aucune,
Et vint à Paris en sabots ;
Mais depuis ce temps, la fortune
Daigna sourire à ses travaux.
L'autre jour à Paul j'entends dire :
« Puisque j'ai de bons revenus,
Dans mon château je me retire,
Car le commerce ne va plus. »

Dame Luc, petite épicière,
Dans sa boutique, ce matin,
A sa fille disait : « Ma chère,
Tu vas te marier enfin.
Pour ta dot, tu seras contente,
J'ai là cinquante mille écus !
Je voulais t'en donner soixante ;
Mais le commerce ne va plus. »

Vos vœux ne s'accomplissent guères,
Vous qui fabriquez aujourd'hui

Balles, poudre, armes meurtrières;
Et la paix cause votre ennui.
Ah! plaignez-vous, je le désire.
Et, voyant vos travaux perdus,
Long-temps encor puissiez-vous dire
Que le commerce ne va plus.

A MA BOURSE.
Air de Lantara.

Qu'un autre, pour un sujet grave,
Sur son luth, cherche des accords;
De l'homme riche, triste esclave,
Qu'il chante les nombreux trésors;
Ma bourse, à toi, sans que l'éclat me guide,
J'offre mes chants, et je puis l'assurer,
Si mon sujet n'est pas tout-à-fait vide,
Ah! c'est du moins un sujet bien léger!

Ma bourse, ô toi, compagne chère,
Que mes yeux te trouvent d'attraits!
J'aime ton heureux caractère,
L'orgueil, chez toi, n'a point d'accès:
Rangs, dignités, ton contenu l'atteste,
Rangs, dignités, chez toi sont superflus;
La pièce d'or et le gros sou modeste
Y sont tous deux admis et confondus.

En paix avec ta conscience,
Tu n'as rien fait contre l'honneur;
Tu n'as jamais, à l'innocence
Offert un métal corrupteur;

Par toi, jamais un indigne salaire
Ne fut promis pour ternir la vertu ;
Par toi, jamais l'écrivain mercenaire
Ne méprisa l'honnête homme abattu.

 Laisse sur ta mince apparence
 Les sots s'exercer à loisir ;
 De leur scandaleuse opulence
 Que de bourses devraient rougir !
L'or qui les gonfle est souvent de l'usure
L'indigne prix qu'elles ont retiré ;
Pourtant ce prix, dont l'équité mur‑
  mure,
Par un bienfait n'est jamais épuré.

 Tu fus parfois un peu légère,
 Entre nous soit dit sans humeur ;
 Tu devais au propriétaire,
 Et tu devais à mon tailleur ;
A mon bottier tu devais... je parie
Que même encor tu dois, et qu'au total,
Grâces à toi, de Sainte-Pélagie,
J'irai bientôt visiter le local.

 Si Plutus un jour nous visite,
 Ma bourse, écoute mes avis :
 A l'indigence ouvre-toi vite,
 Ouvre-toi vite à mes amis.
Mais s'il fallait, vendant ma conscience
Pour te grossir, m'exposer au mépris,
Ah ! c'en est fait, renonce à l'opulence,
Tu ne seras jamais riche à ce prix !

LE CHARLATANISME.

Aïr : Du ménage de garçon.

Lorsque l'on vante à tous propos
Les savans et leur modestie,
La conscience des journaux,
Les travaux de l'Académie,
Les nymphes du Panorama,
Les beaux effets du magnétisme,
La constance du grand pacha,
Et les vertus de l'Opéra,
Encore du *charlatanisme !*

Des noces j'observe parfois
Les brillantes cérémonies ;
Et je me dis, lorsque je vois
L'air content des bonnes amies,
Des parens le ton doctoral,
Et de l'adjoint le pédantisme,
De l'époux l'air sentimental,
Et... jusqu'au bouquet virginal...
Encore du *charlatanisme !*

Celui qui fait l'indépendant,
Et qui par d'autres sollicite ;
Et celui qui fait l'important,
Pour que l'on croie à son mérite ;
Et ces gros banquiers, nos amis,
Qui, grâce à leur patriotisme,
A nos frais se sont enrichis,
En criant : « C'est pour mon pays ! »
Encore du *charlatanisme !*

Pour se déguiser à grands frais,
Comme à Paris chacun travaille !
Ces chapeaux qui cachent les traits !
Ces blouses qui cachent la taille ?
Et ces corsets si séduisans ,
Qui feraient croire à l'optimisme !
Et ces pantalons complaisans,
Si favorables aux absens !..
Encore du *charlatanisme !*

Traînant les amours sur ses pas,
Riche d'attraits et de jeunesse,
Cette mère tient dans ses bras,
Son jeune fils qu'elle caresse ;
Et regardant sur un sofa ,
Son vieil époux à rhumatisme ;
Elle dit : « Vois cet enfant là ;
» Comme il ressemble à son papa ! »
Encore du *charlatanisme !*

Quand une pièce va finir,
Les auteurs, viennent d'ordinaire,
Dire : » Daignez nous applaudir »
Nous, messieurs, c'est tout le con-
    traire ;
Nous venons , mais pour signaler
La pièce à votre rigorisme ;
Nous vous prions même d'aller
Cent fois de suite la siffler...
Est-ce là du *charlatanisme ?*

L'ORAGE.

Air : C'est l'amour, l'amour.

Chers enfans, dansez, dansez,
Votre âge
Echappe à l'orage
Par l'espoir gaîment bercés,
Dansez, chantez, dansez !

A l'ombre de vertes charmilles,
Fuyant l'école et les leçons,
Petits garçons, petites filles,
Vous voulez danser aux chansons.
En vain ce pauvre monde
Craint de nouveaux malheurs;
En vain la foudre gronde,
Couronnez-vous de fleurs.
Chers enfans, etc.

L'éclair sillonne le nuage,
Mais il n'a point frappé vos yeux;
L'oiseau se tait dans le feuillage,
Rien n'interrompt vos chants joyeux.
J'en crois votre allégresse,
Oui bientôt d'un ciel pur
Vos yeux brillans d'ivresse
Réfléchiront l'azur.
Chers enfans, etc.

Vos pères ont eu bien des peines,
Comme eux ne soyez point trahis !
D'une main ils brisaient leurs chaînes,
De l'autre ils vengeaient leur pays ;

De leur char de victoire
Tombés sans déshonneur,
Ils vous lèguent la gloire :
Ce fut tout leur bonheur.
 Chers enfans, etc.

Au bruit de lugubres fanfares,
Hélas ! vos yeux se sont ouverts ;
C'était le clairon des barbares
Qui vous annonçait nos revers.
 Dans le fracas des armes,
 Sous nos toits en débris,
 Vous mêliez à nos larmes
 Votre premier souris.
 Chers enfans, etc.

Vous triompherez des tempêtes
Où notre courage expira ;
C'est en éclatant sur nos têtes
Que la foudre nous éclaira.
 Si le Dieu qui vous aime
 Crut devoir nous punir,
 Pour vous sa main ressème
 Les champs de l'avenir.
 Chers enfans, etc.

Enfans, l'orage qui redouble,
Du sort présage le couroux ;
Le sort ne vous cause aucun trouble ;
Mais à mon âge on craint ses coups.
 S'il faut que je succombe
 En chantant nos malheurs ;

Déposez sur ma tombe
Vos couronnes de fleurs.

Chers enfans, dansez, dansez,
Votre âge
Echappe à l'orage;
Par l'espoir gaîment bercés,
Dansez, chantez, dansez!

SÉJOUR A PARIS.

Air : De Saphira.

Séjour
D'amour
Et de folie,
Ce charmant pays,
Aux yeux éblouis,
Offre un nouveau Paradis.
Des jours
Trop courts.
L'éclat varie.
Car pour embellir
Le temps qui va fuir,
Chaque instant est un plaisir.
Chez vous l'aurore,
Qui vient d'éclore,
Déjà colore
Vos légers rideaux;
Une soubrette
Jeune et discrète,
Soudain apprête
Négligés nouveaux.

Il fait beau,
Et dans son landau,
Pour déjeuner on vole à Bagatelle,
Vos forêts
Ne sont rien auprès,
C'est à Paris que la campagne est belle.
Au retour
Voyez tour-à-tour
Ce séjour
Où votre œil admire....
De Golconde ou de Cachemire
Les tributs
Ou les fins tissus.
Par tout,
Le goût,
Vous accompagne....
Mais j'entends sonner
L'heure du dîner,
Que vos attraits vont orner,
Festin
Divin
Dont le Champagne,
Double les douceurs ;
Quand l'amour d'ailleurs,
Avec vous fait les honneurs.
Dans nos spectacles,
Que de miracles,
Là.... sans obstacles ;
Vous entrez.... déjà....
Chacun s'écrie,
Qu'elle est jolie !....

Et l'on oublie
Martin ou Talma
Le jour fuit,
L'Amour vous conduit,
C'est à minuit
Que le plaisir commence ;
Oui du bal
J'entends le signal,
Le galoubet nous invite à la danse.
Dans ces lieux,
De ce couple heureux
Que vos yeux
Admirent la grâce....
En valsant ;
Il passe et repasse,
Oubliant
Le jour renaissant.
A ces
Portraits
Rendez les armes....
Déjà vous verriez
Les cœurs à vos pieds ;
Et si vous y paraissiez....
Paris
Surpris,
Malgré les charmes
Qui s'y trouvent tous,
N'aurait entre nous
Rien de plus joli que vous.

JE N'EN PARLERAI PLUS.

Air : O Fontenay, etc.

Vous ignorez le pouvoir de vos charmes,
Et dès qu'on rend hommage à vos vertus
Votre pudeur éprouve des alarmes,
Vous rougissez... je n'en parlerai plus.

Vous m'enivrez, femme aimable et céleste,
De plaisirs purs qui m'étaient inconnus.
Que ce regard est doux! qu'il est modeste!
Vous rougissez... je n'en parlerai plus.

Rassurez-vous : en vous j'admire encore
Les jolis traits que l'on prête à Vénus.
D'un vif éclat votre teint se colore,
Vous rougissez... je n'en parlerai plus.

Je fus témoin, Nelly, que l'indigence
De vous jamais n'essuya de refus ;
Sur vos bienfaits quand je romps le silence,
Vous rougissez... je n'en parlerai plus.

Lorsque mon cœur, plein d'une douce ivresse,

De son amour vous offre les tributs,
Loin de répondre à ma vive tendresse,
Vous rougissez... je n'en parlerai plus.

Nelly doit être une épouse divine ;
Ce doux penser rend mes esprits émus.
Heureux celui que le ciel vous destine !
Vous rougissez... je n'en parlerai plus.

ADIEUX A MON AMIE.

Air : Fleuve du Tage.

Ton cœur l'ordonne,
A regret j'y souscris.
Du moins pardonne
Lorsque je t'obéis.
Si désormais captive,
Ma douleur est plaintive,
Entends ma voix
Pour la dernière fois !

Ne plus t'écrire !....
Et c'est toi qui le veux !
Mon cœur soupire ;
Quels pénibles adieux !
Justine, je t'adore !
De l'amant qui t'implore
Entends la voix
Pour la dernière fois !

Douce chimère,
Que chérissait mon cœur,
  Ombre légère,
Qui voulais mon bonheur;
Plaisirs, troupe folâtre,
Gaîté, que j'idolâtre,
  Et vous, Amours,
Fuyez-vous pour toujours?

  Muse badine,
Qui peut-être lui plus,
  Pour ma Justine
Tu ne chanteras plus!
L'ingrate te l'ordonne,
Déchire ta couronne;
  Et vous, Amours,
Fuyez-moi pour toujours.

L'INDIFFÉRENCE.

AIR : *Muse des jeux, etc.*

Un jour heureux pour moi commence à luire;
De mes liens je me sens dégagé.
Ta perfidie a détruit mon délire;
Tu l'as voulu, Laurette, et j'ai changé.
Non, du dépit ce n'est point le langage;
Pour cette fois mon cœur m'est bien connu;
J'entends ton nom sans changer de visage :
Je te revois, je n'en suis point ému.

Que dans tes yeux se peigne le sourire,
Ou que ta voix me parle avec aigreur,

C'est même sort; ta bouche est sans empire
Sur mon oreille, et tes traits sur mon cœur.
Si je suis gai, ce n'est plus ton ouvrage;
Suis-je chagrin, ma tristesse est à moi.
Sans toi j'admire un beau jour sans nuage :
Un sombre jour m'ennuîrait près de toi.

Juge en deux mots si mon âme constante
Cache un détour dans ces derniers adieux.
Je trouve encor que Laurette est charmante;
Mais ce n'est plus qu'une belle à mes yeux.
Même, en vantant ta figure jolie,
J'y vois (pardonne à ma sincérité)
Des agrémens que doublait ma folie,
Et des défauts que j'appelais beauté.

Tout bas tu dis : « Sans doute encor il m'aime,
» Trop fréquemment il dit qu'il n'aime plus. »
Non, c'est l'instinct de la nature même
Qui fait parler des dangers qu'on a vus.
Par le guerrier, au sortir de la lice,
Avec transport ses périls sont contés ;
Et le mortel qu'opprima l'injustice
Aime à montrer les fers qu'il a portés.

J'en parle donc, mais c'est sans nulle envie.
Eh ! que m'importe au fond si tu me crois,
Si ce discours te plaît, te contrarie,
Tranquillement si tu parle de moi !
Je perds un cœur, toi seule un cœur sincère;
Qui de nous deux doit sentir du tourment !
Je puis trouver maîtresse aussi légère,
Jamais Laurette aussi fidèle amant.

COUPLETS
DU COIFFEUR ET DU PERRUQUIER.

AIR : *De la valse des Comédiens.*

Jours fortunés, jours d'honneur et de gloire,
Vous n'êtes plus !... mais à mon triste cœur,
Tant qu'il battra, votre douce mémoire
Viendra toujours rappeler le bonheur.

Au temps jadis, la poudre qui m'est chère,
Dans tous les rangs brillait avec éclat ;
Elle parait l'élégant militaire,
Le jeune abbé... le grave magistrat.

Il m'en souvient !... dans ma simple boutique,
Soir et matin se pressaient les chalans ;
Et sur leur chef, arrosé d'huile antique,
Je bâtissais d'énormes catogans.

Dans tout Paris, dans toute la banlieue,
Mon coup de peigne alors était cité ;
Quand je faisais une barbe, une queue,
J'ai vu souvent le passant arrêté.

Adieu la gloire, adieu les honoraires !
Tout est détruit ! nos indignes enfans
Ont méconnu les leçons de leurs pères,
Et de notre art sapé les fondemens.

La catacoua s'est, hélas ! écroulée.
Ils ont coupé les ailes de pigeons ;
Et du boudoir la pommade exilée
Se réfugie au dos des postillons.

Ma vieille enseigne est un vain simulacre !
J'ai vu s'enfuir tous les gens du bon ton;
Heureux encor, lorsqu'un cocher de fiacre
A mon rasoir vient livrer son menton !

Jours fortunés, jours d'honneur et de gloire;
Vous n'êtes plus ! mais à mon triste cœur,
Tant qu'il battra, votre douce mémoire
Viendra toujours rappeler le bonheur.

LE BUREAU DE LOTERIE.

Même air.

Triste spectacle, hélas ! aux yeux du sage,
Là confondus, le riche, l'indigent,
Vont obéir à quelque vain présage,
Et contre un songe échanger leur argent.

D'un porteur d'eau la modique journée
Va s'engloutir au gouffre du destin;
Et sur le seuil, sa femme infortunée,
Ses quatre enfans lui demandent du pain.

Plus loin (du jeu que ne peut l'influence),
Je vois entrer un anglais bien nourri;
Il est à jeun, et pour tenter la chance,
Il s'est privé d'un dîner chez Véry.

Un électeur qui veut être éligible,
Croit que le jeu lui vaudra cet honneur;
Un électeur n'est pas inamovible,
Qu'il joue encore, il n'est plus électeur.

Un gros monsieur poursuit la martingale
Qui lui promet une loge aux Bouffons;
Et pour gagner la robe de perkale,
Une ouvrière a risqué trois jupons.

Un grand nigaud, qu'une vieille encourage,
Tire au hasard dans un sac de loto,
Et bêtement croit que le grand tirage
Doit amener le même numéro.

Là, pour son maître, un valet charitable
Met dix louis d'un air bien mécontent ;
Ces dix louis, hélas ! au pauvre diable
Ont rappelé les gages qu'il attend.

Enfin, j'ai vu, faisant bourse commune ;
Près du bureau j'ai vu trois mendians
Sur un quaterne offrir à la fortune
Tous les gros sous arrachés aux passans.

Triste spectacle, hélas ! aux yeux du sage,
Là confondus, le riche, l'indigent,
Vont obéir à quelque vain présage,
Et contre un songe échanger leur argent.

COUPLETS.

AIR : *De M. Bérat.*

On croit au sein de la puissance,
Obtenir un brillant destin,
On y parvient, on vous encense,
Mais la faveur n'a point de lendemain. (bis.)
A la vill' l' plaisir s'achète,
Moi je préfère en ce canton,
Le joyeux refrein de Jeannette,
Et le tambourin du vallon. (ter.)

La grandeur n'est qu'une chimère,
Il n'est de vrai que l'amitié,
Heureux qui peut sur cette terre,
Dans son p'tit coin vivre oublié. (bis.)
A la vill' l' bonheur s'achète,
Moi je préfère en ce canton,
Le joyeux refrein de Jeannette,
Et le tambourin du vallon. (ter.)

DÉLIRE BACHIQUE.

Air : *Pomme de reinette et pomme d'api.*

Quand on est mort c'est pour long-tems
Dit un vieil adage
Fort sage ;
Employons donc bien nos instans,
Et, contens,
Narguons la faux du Temps.
De la tristesse
Fuyons l'écueil ;
Evitons l'œil
De l'austère sagesse.
De sa jeunesse
Qui jouit bien,
Dans sa vieillesse
Ne regrettera rien.
Si tous les sots,
Dont les sanglots,
Mal à propos,
Ont éteint l'existence,
Redevenaient
Ce qu'ils étaient,
Dieu sait, je pense,
Comme ils s'en donneraient !
Quand on est mort, etc.

Pressés d'éclore,
Que nos désirs,
Que nos plaisirs
Naissent avant l'aurore :

Quand Phébus dore
Notre réduit,
Chantons encore,
Chantons quand vient la nuit.
Des joyeux sons
De nos chansons
Etourdissons
La ville et la campagne
Et que, moussant,
A notre accent,
Le gai champagne
Répète en jaillissant :
Quand on est mort, etc.

Jamais de gêne,
Jamais de soin ;
Est-il besoin
De prendre tant de peine
Pour que la haine,
Lançant ses traits,
Tout-à-coup vienne
Détruire nos succès ?
Qu'un jour mon nom,
De son renom,
Remplisse ou non
Le temple de Mémoire ;
J'ai la gaîté,
J'ai la santé,
Qui vaut la gloire
De l'immortalité.
Quand on est mort, etc.

Est-il monarque
Dont les bienfaits,
Dont les hauts faits
Aient désarmé la Parque ?
Le souci marque
Leur moindre jour,
Et puis la barque
Les emporte à leur tour.
Je n'ai pas d'or,
Mais un trésor
Plus cher encor
Me console et m'enivre ;
J'aime, je bois,
Je plais parfois :
Qui sait bien vivre
Est au-dessus des rois.
Quand on est mort, etc.

Au lit, à table,
Aimons, rions,
Puis envoyons
Les affaires au diable.
Juge implacable,
Sot chicaneur,
Juif intraitable,
Respectez mon bonheur.
Je suis, ma foi,
De mince aloi ;
Epargnez-moi
Votre griffe funeste.
Sans vous, hélas !

N'aurai-je pas
Du temps de reste
Pour me damner là-bas ?
Quand on est mort, etc.

Quand le tonnerre
Vient en éclats,
De son fracas,
Epouvanter la terre,
De sa colère,
Qu'alors pour nous
Le choc du verre
Amortisse les coups.
Bouchons, volez !
Flacons, coulez !
Buveurs, sablez !
Un Dieu sert les ivrognes.
Au sein de l'air,
Que notre œil fier,
Nos rouges trognes
Fassent pâlir l'éclair.
Quand on est mort, etc.

De la guinguette
Jusqu'au boudoir,
Matin et soir,
Circulons en goguette.
Guerre aux grisettes,
Guerre aux jaloux,
Guerre aux coquettes,
Surtout guerre aux époux !
Sur vingt tendrons,

Bien frais, bien ronds,
En francs lurons,
Faisons rafle à toute heure;
Puisque aussi bien,
Sage ou vaurien,
Il faut qu'on meure,
Ne nous refusons rien.

Quand on est mort c'est pour long-tems
Dit un vieil adage
Fort sage;
Employons donc bien nos instans,
Et, conrens,
Narguons la faux du Temps!

VERSEZ-MOI DU BON VIN.

Air : Du Vaudeville final des Amazones.

Nuit et jour ma femme bougonne,
Et presque toujours sans raison;
Des le matin, cette dragonne
Me fait déserter la maison.   (bis.)
Mais contre les chagrins de l'âme
Il est un remède certain :
Pour me faire oublier ma femme,
Mes chers amis, versez-moi du bon vin,
Versez-moi (bis) du bon vin.

D'hymen pour adoucir les peines,
Il me fallait une Cloris;

De l'Amour je portai les chaînes,
D'un frais tendron je fus épris; *(bis.)*
Un ami, qui pourrait le croire!
Me souffla cet objet divin;
Pour les bannir de ma mémoire,
Mes chers amis, versez-moi du bon vin,
 Versez-moi *(bis)* du bon vin.

Trouvant Molière trop gothique,
Je suis les pas de Marivaux:
Dans un ouvrage peu comique
Je mets beaucoup de madrigaux. *(bis)*
Devais-je craindre une culbute?
Un auteur n'est jamais devin;
Pour me faire oublier ma chute,
Mes chers amis, versez-moi du bon vin,
 Versez-moi *(bis.)* du bon vin.

J'ai souscrit des lettres de change,
Leur terme approche, et pas le son;
Avant peu, je vais, en échange,
Etre fourré.... je sais bien où. *(bis.)*
Mes créanciers, tristes vedettes,
Sur moi déjà mettent la main....
Pour me faire oublier mes dettes;
Mes chers amis, versez-moi du bon vin,
 Versez-moi *(bis.)* du bon vin.

Il me faudra sur l'onde noire
Voyager un jour tôt ou tard,
Alors je ne pourrai plus boire
Ni de Bordeaux ni de Pomard. *(bis.)*

Du Phlégéton triste monarque,
Contre tes lois on lutte eu vain :
Pour me faire oublier la Parque,
Mes chers amis, versez-moi du bon vin,
Versez-moi (*bis.*) du bon vin.

JE M'EN BATS L'ŒIL.

Air : Voilà la manière de vivre cent ans.

Qu'UN autre s'étende
Sur tous ses aïeux ;
Que même il prétende
Être issu des Dieux :
Je suis loin d'avoir
Cette singulière manie ;
Moi, j'irai savoir
Quelle est ma généalogie !
Du nom de ma mère
Je n'ai nul orgueil ;
Et quel fut mon père,
Ah ! je m'en bats l'œil.

J'ai l'humeur bouffonne,
Et le front serein,
Toujours je fredonne
Quelque gai refrain.
J'aime la chanson ;
Mais indulgent par caractère,
Un joyeux flonflon
N'a jamais vu mon œil sévère ;

Qu'un pédant commente
Tout dans un recueil ;
Pourvu que je chante
Moi je m'en bats l'œil.

J'adore la treille
Et son jus divin ;
Sa force réveille :
C'est mon médecin.
Sans m'embarrasser
D'où vient le vin, j'emplis mon verre,
Pourquoi tracasser
Sur Bordeaux, Champagne ou Tonnerre ?
Ah ! qu'on le reçoive
Même d'Argenteuil,
Pourvu que je boive
Moi je m'en bats l'œil.

Qu'un autre sans gêne,
Cherchant à dîner,
Chez un ami vienne
Pour tout retourner ;
Qu'en mangeant le bien
Du bon ami qui le convie,
Il ne trouve rien
Qui soit au gré de son envie ;
Ma foi ! tout m'arrange,
Et lièvre ou chevreuil,
Pourvu que je mange,
Moi je m'en bats l'œil.

Un grand astronome,
Rêveur éveillé,
En faisant un somme
A tout vu brouillé.
Il a prétendu
Voyez sa science profonde),
Avoir aperçu
Dans le soleil la fin du monde ;
Si jamais arrive
Ce grand jour de deuil,
Pourvu que je vive,
Moi je m'en bats l'œil.

Qu'un autre Gourville
Veuille une Ninon,
Bien moins difficile
Tout me paraît bon.
Au doux jeu d'amour
Je ne serai jamais rebelle,
Je prends tour à tour,
Et jeune et vieille, et laide et belle,
Un lit, une chaise,
Ou table, ou fauteuil,
Plus ou moins à l'aise,
Moi je m'en bats l'œil.

Mauvais locataire,
Payeur sans raison,
Mon propriétaire
M'envoie en prison,
Tandis qu'il jurait
J'y marchais, riant comme quatre,

Mon cœur désirait
Voir ce gîte où j'allais m'ébattre ;
J'en faisais l'éloge
Le pied sur le seuil :
Pourvu qu'on me loge,
Moi je m'en bats l'œil.

Rire, chanter, boire
Du soir au matin,
Braver l'humeur noire,
Voilà mon destin.
Et lorsque la mort
Me fera changer de demeure,
Sans craindre mon sort
Je saurai voir ma dernière heure ;
Car au pied d'un orme,
Ou dans un cercueil,
Pourvu que je dorme,
Moi je m'en bats l'œil.

Un poète ignare,
D'un air sans façon,
Se perd ou s'égare
Dans chaque chanson ;
Un ambitieux
Court après le mot qui sait plaire,
Et dans tous les yeux
Quête un bravo pour son salaire ;
A ma chansonnette
Que l'on fasse accueil,
Ou qu'on la rejette,
Moi je m'en bats l'œil.

RIRA BIEN QUI RIRA LE DERNIER.

AIR : *Vaudeville des Scytes.*

PAUVRE employé d'un riche ministère,
Où l'éteignoir compte plus d'un héros,
Mal appointé, pour tout voir et me taire,
Qu'il m'a passé sous le nez de zéros ! (*bis.*)
Pourtant... mais, chut ! dût un esprit sinistre
Nous comparer au chien de jardinier,
Soyons toujours de l'avis du ministre, } (*bis.*)
Et rira bien qui rira le dernier ! }
   Rira bien qui rira le dernier..   (*bis.*)

Aux aquilons quand le chêne fait tête,
Sous leur effort le roseau doit ployer.
Le sage, en butte au choc de la tempête,
Se voit souvent forcé de louvoyer ;   (*bis.*)
Aux mécontens qui peignent tout en bistre
Moi je réponds en prudent nautonnier :
   Soyons toujours, etc.

Mon dévouement arrêté dans sa course,
Pour baromètre, en un besoin pressant,
Prend le métal enfermé dans ma bourse
Monte avec lui, baisse quand il descend. (*bis.*)
Mais c'est le jour où j'émarge au registre
Qu'en lettres d'or j'inscris sur mon grenier :
   Soyons toujours, etc.

Tel accourut de gentilhommière
Faire au tyran l'hommage d'un refrain ;
Tel qui du Nord fait venir la lumière,
N'y vit long-temps que des hordes sans frein. *bis*
Tel déposant ses pipeaux pour le sistre,
Criait dès-lors, belliqueux chansonnier :
   Soyons toujours, etc.

J'ai, par famine, opiné pour le centre ;
J'ai, l'an d'après, vers la droite incliné.
Monseigneur sort, on dit qu'un autre rentre.
Cet autre soupe, et je n'ai pas dîné... (*bis.*
Mon vote est prêt ; vite qu'on l'enregistre,
De monseigneur il suit le cuisinier.
    Soyons toujours, etc.

Il est des gens qui, frappés d'anathême,
Craignent toujours les épurations ;
Destituer n'est pas dans mon système,
Mais toute règle a des exceptions. (*bis.*)
La France entière, en voyant plus d'un cuistre,
D'évêque enfin redevenir meûnier,
(*bis.*) { Dirait : soyons de l'avis du ministre,
      Et rira bien qui rira le dernier !
    Rira bien qui rira le dernier. (*bis.*)

LA FIN DU MONDE.

AIR : *Tout le long, le long de la rivière.*

Tant que le soleil brillera
 Notre planète tournera ;
 On y verra mûrir des pommes,
 On y verra croître des hommes ;
  Peu de bons, beaucoup de méchans,
  Qui suivront toujours leurs penchans.

Pour s'étourdir sur les maux de ce monde,
Mes amis, buvons, buvons à la ronde ; } *Ch.*
Croyez-moi, buvons tous à la ronde.

  Beaucoup verront peu de printemps ;
  Bien peu vivront beaucoup de temps :
  Moitié périra par la guerre,

(C'est que nous vîmes naguère,)
D'autres par l'abus des plaisirs :
D'autres n'auront que des désirs.
Pour oublier tous les maux de ce monde, etc.

Le fou bravera les hasards,
Et le sage aimera les arts.
Le vrai bonheur sur cette terre ;
Dépend de notre caractère ;
On prêchera toujours en vain
Contre l'amour, le jeu, le vin.
Un peu de bien se trouve dans ce monde, etc.

La vie est un bien doux présent
Quand on sait jouir du présent ;
Mais souvent mal on le dépense,
Au fatal avenir on pense,
Et l'on regrette le passé
Jusqu'à ce qu'on soit *in pace*.
Ne perdons pas un instant dans ce monde, etc.

Ce Soleil un jour s'éteindra ;
Bonsoir comédie, opéra ;
Bonsoir amour, fortune et gloire,
Fable amusante et longue histoire ;
Bonsoir, pauvres petits humains,
Vous n'aurez plus de lendemains.
En attendant que s'éteigne le monde, etc.

Dieu rallumera de nouveau
Peut-être un semblable flambeau ;
Mais pourquoi prendre cette peine
Si la nouvelle engeance humaine
Ne vaut pas mieux que celle-ci !
Je dirai : Bon Dieu ; grand merci.
Que Dieu défasse ou refasse le monde,
Mes amis, buvons, buvons tous à la ronde
Mes amis, buvons tous à la ronde.

LE BON TEMPS.

Air de Lantara.

La fortune aveugle et barbare,
Fuyant ceux qui courent après,
Par un caprice assez bizarre,
Me comble d'honneurs, de bienfaits.
Naguère encor, je n'avais de ressource,
Que ma gaité, quelques refrains piquans;
Point de crédit, pas un sou dans ma bourse;
Des créanciers, c'était là le bon temps.

A ma table, en grande toilette,
Forcé de recevoir souvent,
On mange, on boit par étiquette,
On politique gravement.
Jadis, chantant quelque gai vaudeville,
De notre sort satisfaits et contens,
Au cabaret nous courions à la file;
Nous dînions mal, c'était là bon temps.

Ils sont passés ces beaux jours de goguette,
Où sous le nom de son frère Phœbus,
En entonnant le vin, la chansonnette,
Nous accourions à l'autel de Bacchus,
Où nous allions, au sortir de l'orgie,
Passer la nuit, l'un l'autre nous portant,
Dans notre lit, dans celui d'une amie,
Même en prison ; c'était là le bon temps.

A l'usage, il faut se soumettre;
Adieu, guinguettes que j'aimais!
Je ne puis plus me compromettre.
Adieu, grisettes, cabarets,

Adieux, objets d'un aimable délire,
Adieux, vous tous, mauvais sujets charmans,
En vous voyant, mon pauvre cœur soupire,
Et je me dis : « Comme ils ont du bon temps ! »

L'ÉPICURIEN AMOUREUX.

AIR : *J'entends l'archet de la folie.*

A tes côtés la volupté réside,
O mon amie ! ô mon souverain bien !
Bruyans festins où la gaîté préside
Ne valent pas ton aimable entretien.
Mais dans mon cœur quel désir se réveille !
Momus m'appelle, et j'entends, pour signal,
Le doux tin tin que fait une bouteille
Qui de mon verre effleure le cristal.

Adieu !... mais, quoi ! se peut-il que j'hésite
Quand de là-bas on vient de m'avertir !
Le bouchon saute... Ah courons au plus vite :
Tu me retiens... Je ne puis plus partir.
Ah ! de ta voix (trop puissante merveille !)
Le son divin serait-il le rival
Du doux tin tin que fait une bouteille
Qui de mon verre effleure le cristal !

Allons, sans moi que le banquet commence,
Pour t'obéir je puis tarder un peu,
Du moins, pour prix de mon obéissance,
De ton amour j'attends le doux aveu.
Il est sorti de ta bouche vermeille !
Je jouirais d'un bonheur sans égal,
Sans ce tin tin que fait une bouteille
Qui de mon verre effleure le cristal.

A cet aveu quel transport me possède !
Accorde-moi le prix de mon ardeur !
Qu'entends-je, ô ciel ! à mes vœux elle cède !
Princes et rois enviez mon bonheur !
Hélas ! pourquoi frappes-tu mon oreille,
Bruit enchanteur, à mes plaisirs fatal,
Charmant tin tin que fait une bouteille
Qui de mon verre effleure le cristal.

Pour un moment dans mon âme énivrée
L'Amour lança tous ses feux à la fois...
Mais son pouvoir est de courte durée,
Et sur mon cœur Bacchus reprend ses droits.
Plaisirs divins, extase sans pareille,
Ah ! revenez, grâce à vous j'entends mal
Ce doux tin tin que fait une bouteille
Qui de mon verre effleure le cristal.

Oui, pour jamais que l'Amour nous rassemble,
Et du destin nous braverons les coups ;
Sans le savoir nous vieillirons ensemble,
Et quelque jour tu concevras mes goûts.
Pour te guider, tu voudras, bonne vieille,
Quand de l'Amour s'éteindra le fanal,
Ce doux tin tin que fait une bouteille
Qui de mon verre effleure le cristal.

FIN.

MAI.		JUIN.	
D.Q. le 6, à 5h. 8' m.		D.Q. le 4, à 8h. 41' s.	
N.L. le 14, à 3 h. 17' m.		N.L. le 12, à 5 h. 1' s.	
P.Q. le 21, à 10 h. 5' s.		P.Q. le 19, à 9 h. 11' s.	
P.L. le 29, à 4 h. 3' m.		P.L. le 28, à 7 h. 8' m.	
1 jeu	ss Jacq. Ph.	1 D	Trinité.
2 ven	s. Athanas	2 lun	s. Marcell.
3 sam	Inven. ste †	3 mar	ste. Clotilde
4 DIM	ste Moniq.	4 mer	s. Quirin.
5 lun	s. Pie V, p.	5 jeu	Fête-Dieu.
6 mar	s. JEAN P. L.	6 ven	s. Claude.
7 mer	s. Stanislas.	7 sam	s. Robert.
8 jeu	Appar. s. M.	8 2 D	Octa. F. D.
9 ven	s. Grég. na.	9 lun	s Prime, m.
10 sam	ss Gor. et Ep	10 mar	s. Landry.
11 DIM	s Mamert é.	11 mer	s. Barnabé.
12 lun	Rogations.	12 jeu	s. Basilide.
13 mar	s. Gervais	13 ven	Fête du S. C.
14 mer	s. Pacôme	14 sam	s. Basile, G.
15 jeu	ASCENSIO	15 3 D	s. Cyr, ste J.
16 ven	s. Honoré, é	16 lun	s. Franç. R.
17 sam	Restitu.	17 mar	s. Avit, év.
18 DIM	s. Pothin.	18 mer	ste. Marine.
19 un	s. Yves, pré.	19 jeu	s. Gervais.
20 mar	s. Bernardin	20 ven	s. Silvère, p.
21 mer	s. Hospice.	21 sam	s. Alban.
22 jeu	ste Julie, v.	22 4 D	s. Paulin.
23 ven	s. Didier, é.	23 lun	Vigile-jeûne.
24 sam	vigile-jeune	24 mar	s. Jean Bap.
25 D	PENTECO	25 mer	s. Prosper.
26 lun	s. Philippe.	26 jeu	s. Jean, ets P
27 mar	s Jean, p. m.	27 ven	s. Léon, p.
28 mer	4 Temps.	28 sam	s. Crescent
29 jeu	s. Maximin.	29 5 D	s. Pier, s P.
30 ven	s. Félix, p.	30 lun	s. Martial, é.
31 sam	ste Pétron.		

Les jours croissent de 39' le m. et 39' le s. *Les jours croissent de 8' le m. et 7' le s.*

JUILLET.		AOUT.	
D.Q. le 3, à 6 h. 8' s.		D.Q. le 2, à 9 h. 7' m.	
N.L. le 12, à 5h. 46' m		N.L. le 10, à 6h. 39' s.	
P.Q. le 18, à 9 h. 5' s.		P.Q. le 18, à 5h. 7' m.	
P.L. le 26, à 7 h. 3' m.		P.L. le 26, à 9 h. 51' s.	
1 mar	s. Thibaud.	1 ven	s. Pier. es-li.
2 mer	*Visitation.*	2 sam	N.D. des An
3 jeu	s. Anatole.	3 10 D	Inv. s. Etien.
4 ven	ste. Berthe.	4 lun	s. Dominiq.
5 sam	ste. Zoé.	5 mar	N.D. des N.
6 6 D	s. Irenée.	6 mer	Transf. N.S.
7 lun	Tra. s. Tho.	7 jeu	s. Gaëtan.
8 mar	s. Anatole.	8 ven	s. Ciriaque.
9 mer	s. Procope.	9 sam	s. Domitien.
10 jeu	les 7 frèr m	10 11 D	s. Laurent.
11 ven	s. Pie, pape.	11 lun	ste. Suzann.
12 sam	s Viventiol.	12 mar	ste. Claire.
13 7 D	s. Anaclet.	13 mer	s. Hippolyt.
14 lun	s Bonaven.	14 jeu	*Vigile-jeune*
15 mar	s. Henri, em	15 ven	ASSOMPT
16 mer	N. D. du Sca.	16 sam	s. Roch.
17 jeu	s. Alexis, c.	17 12 D	s. Mammès.
18 ven	ste. Simpho.	18 lun	ste. Hélène.
19 sam	s. Rhétice.	19 mar	s. Badulphe.
20 8 D	ste. Margu.	20 mer	s. Bernard.
21 lun	s. Victor.	21 jeu	ste. Jea. F.
22 mar	ste Magde	22 ven	s. Symphor.
23 mer	s. Appollin	23 sam	ste Apollin.
24 jeu	Canicule.	24 13 D	s. Barthelem
25 ven	s. Jaq. s. Chr	25 lun	s. Louis, r.
26 sam	s. J. ste. Anne	26 mar	Fin de la Ca.
27 D	s. Pantaléon	27 mer	s. Césaire, é.
28 lun	s. Nazaire.	28 jeu	s. Augustin.
29 mar	ste Marthe.	29 ven	Déco. s. J. B.
30 mer	s. Abdon.	30 sam	s. Fortunat.
31 jeu	s. Ignace.	31 14 D	ste. Rose, v.

Les jours diminuent de 27' le m. et 28' le s.   *Les jours diminuent de 50' le m. et 50' le s.*

SEPTEMBRE.		OCTOBRE.	
D.Q. le 2 à 8h. 9′ s.		D.Q. le 1, à 7h. 54′ s.	
N.L. le 9, à 7h. 13′ m.		N.L le 8, à 7h. 17′ s.	
P.Q. le 17, à 4h 40′ s.		P.Q. le 15, à 4h. 11′ m	
P.L. le 25, à 3h. 2′ m.		P.L. le 23, à 1h. 7′ m.	
1 lun	s. Leu, év.	1 mer	s Rémi év.
2 mar	s. Just, év.	2 jeu	ss. Anges g.
3 mer	ste. Séraphi.	3 ven	s. Denis, l'a.
4 jeu	s. Marcel.	4 sam	s. Fran. d'A.
5 ven	s. Laurent. j.	5 19 D	N. D. du R.
6 sam	s. Cloud.	6 lun	s. Bruno.
7 15 D	ste. Reine.	7 mar	s Marc, pa.
8 lun	Nativ. N. D.	8 mer	ste Brigitte.
9 mar	s. Gorgon.	9 jeu	s. Denis, m.
10 mer	s. Nicolas, t.	10 ven	s. Fran. de B.
11 jeu	ste. Théod.	11 sam	s. Nicaise.
12 ven	s. Sacerdos.	12 20 D	s. Wilfrid.
13 sam	s. Aimé, év.	13 lun	s. Gérald.
14 16 D	Exalt. de la †	14 mar	s. Calliste, p.
15 lun	s. Alpin.	15 mer	ste. Thérès.
16 mar	s. Cyprien.	16 jeu	s. Gal, abbé.
17 mer	4 Temps.	17 ven	ste. Hedwi.
18 jeu	s. Féréol, m.	18 sam	s. Luc, év.
19 ven	s. Janvier.	19 21 D	s. Pierre, d'a
20 sam	s. Eustache	20 lun	s. Arteme.
21 17 D	s. Mathieu.	21 mar	ste. Ursule.
22 lun	.. Maurice.	22 mer	s. Hilarion
23 mar	ste. Thècle.	23 jeu	s. Jean cap.
24 mer	s. Andoche.	24 ven	s. Magloire
25 jeu	s. Loup, év.	25 sam	s. Crép s. Cr
26 ven	s. Vinc. de P	26 22 D	s. Evariste p.
27 sam	ss. Cos. et D.	27 lun	s. Frument.
28 18 D	s. Ennemo.	28 mar	s. Simon, J.
29 lun	s. Michel.	29 mer	s. Rémi, év.
30 mar	s. Jérome, d	30 jeu	s. Léon II
		31 ven	Vigile-jeune

Les jours diminuent de 51′ le m. et 51′ le s. *Les jours diminuent de 53′ le m. et 53 le s.*

NOVEMBRE.		DÉCEMBRE.	
D.Q. le 1, à 7 h. 35' s.		N.L. le 6, à 9 h. 25' s	
N.L. le 7, à 8 h. 41' m.		P.Q. le 14, à 8 h. 50'm	
P.Q. le 15, à 11 h. 7' s.		P.L. le 20, à 11 h. 7' m.	
P.L. le 22, à 7 h. 9' m		D.Q. le 28, à 7 h. 34' s	
D.Q. le 30, à 10 h. 15' m.			
1 sam	TOUSSAI.	1 lun	s. Eloi.
2 23 D	les Trépass.	2 mar	ste. Bibiane
3 lun	s. Hubert, é.	3 mer	s. Franç. X
4 mar	s. Charles B.	4 jeu	ste. Barbe, v
5 mer	s. Autrem.	5 ven	s. Sabas, a
6 jeu	s. Léonard.	6 sam	s. Nicolas.
7 ven	s. Roux, év.	7 2 D	ste. Fare, v
8 sam	Oct. de la To.	8 lun	conc N. D.
9 24 D	s. Théodor.	9 mar	ste. Léocad
10 lun	s. Triphon.	10 mer	ste. Eulalie
11 mar	s. Martin.	11 jeu	s. Damas, p
12 mer	s. Réné, , p.	12 ven	s. Epimaque
13 jeu	s. Homobon	13 sam	ste. Luce.
14 ven	s. Sérapion.	14 3 D	s. Nicaise, é
15 sam	s. Edem, ev.	15 lun	s. Eusèbe.
16 25 D	Ded. de. Egl.	16 mar	ste. Colom
17 lun	s. Grégoire.	17 mer	4 Temps.
18 mar	s. Odon, ab.	18 jeu	s. Gatien.
19 mer	ste. Elizab.	19 ven	s Timoléon
20 jeu	s. Lin p. et m	20 sam	s. Philigon
21 ven	Prés. N. D.	21 4 D	s. Thomas
22 sam	ste. Cécile.	22 lun	s. Honorat
23 26 D	s. Clément.	23 mar	ste Victo
24 lun	s. Chrisogo.	24 mer	Vigile jeun
25 mar	ste. Catheri.	25 jen	NOEL.
26 mer	s. Saturnin.	26 ven	s. Etienne.
27 jeu	s. Maxime.	27 sam	s. Jean, l'E
28 ven	s. Etienne, j.	28 DIM	les Innoce
29 sam	s. Brandon.	29 lun	s. Thoma
30 1 D	L'avent.	30 mar	s. Sabin,
		31 mer	s. Silvestre

Les jours diminuent de 40' le m. et 40' le s.

Les jours diminuen de 28' le m. et 10' le s.

www.ingramcontent.com/pod-product-compliance
Lightning Source LLC
LaVergne TN
LVHW051509090426
835512LV00010B/2434